BEI GRIN MACHT SICH IHR
WISSEN BEZAHLT

Fabian Kockartz

Reaktionäre Modernität und Medienrevolution im Zusammenhang mit der NS-Bücherverbrennung 1933

GRIN Verlag

Bibliografische Information der Deutschen Nationalbibliothek:

Die Deutsche Bibliothek verzeichnet diese Publikation in der Deutschen National-
bibliografie; detaillierte bibliografische Daten sind im Internet über http://dnb.d-
nb.de/ abrufbar.

Impressum:

Copyright © 2002 GRIN Verlag GmbH
Druck und Bindung: Books on Demand GmbH, Norderstedt Germany
ISBN: 978-3-640-17983-1

Dieses Buch bei GRIN:

http://www.grin.com/de/e-book/18124/reaktionaere-modernitaet-und-medienrevo-
lution-im-zusammenhang-mit-der-ns-buecherverbrennung

GRIN - Your knowledge has value

Der GRIN Verlag publiziert seit 1998 wissenschaftliche Arbeiten von Studenten, Hochschullehrern und anderen Akademikern als eBook und gedrucktes Buch. Die Verlagswebsite www.grin.com ist die ideale Plattform zur Veröffentlichung von Hausarbeiten, Abschlussarbeiten, wissenschaftlichen Aufsätzen, Dissertationen und Fachbüchern.

Besuchen Sie uns im Internet:

http://www.grin.com/

http://www.facebook.com/grincom

http://www.twitter.com/grin_com

Fabian Kockartz

Reaktionäre Modernität und Medienrevolution im Zusammenhang mit der NS-Bücherverbrennung 1933

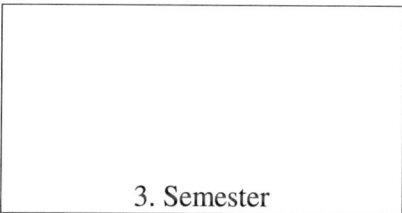

3. Semester

Referat im Rahmen der Lehrveranstaltung:

„Medienmentalitäten"

Fachbereich 3, Medien-Planung, -Entwicklung, und -Beratung

Universität Siegen

Wintersemester 2002/2003

Inhaltsverzeichnis

TEIL I

I. Der Begriff der reaktionären Modernität bei Georg Bollenbeck

Vorbemerkung

Die vorliegende Arbeit stellt die schriftliche Ausarbeitung, des von mir im Sommersemester 2002 gehaltenen, gleichbetitelten Referats dar. Dabei teilt sich diese Ausarbeitung in die beiden Gliederungspunkte I. „Der Begriff der reaktionären Modernität bei Georg Bollenbeck" und II. „Die Bücherverbrennung als Medienrevolution bei Thomas Lischeid". Ich habe mich bewusst für diese Vorgehensweise entschieden, um die Möglichkeit einer individuell zuordbaren Kritik zu schaffen.

Um die inhaltliche Konsistenz zwischen mündlicher und schriftlicher Ausarbeitung zu gewähren, habe ich mich des Weiteren dafür entschieden, Perspektive und Herangehensweise an den Themenkomplex bei der vorliegenden Referatsausarbeitung an jene der mündlichen Darstellungsweise möglichst anzunähern. Dort wo es möglich war, habe ich inhaltlich ein wenig variiert und den Schwerpunkte leicht verlagert um mich nicht in die Gefahr einer puren Paraphrasierung zu begeben.

Genau wie bei der Präsentation des Referates, stellt auch diese schriftliche Arbeit das Ergebnis einer themenverbindenden Vorgehensweise dar. Die beiden Teile interdependieren also und münden in einem gemeinsamen Resümee, in dem die vorliegende Ausarbeitung ihren Abschluss findet.

1. Einordnung des Ausnahmezustandes Bücherverbrennung in den historischen Kontext

Der 10. Mai 1933 stellt einen der schwärzesten Tage der deutschen Geschichte dar. Im Zuge des Prozesses der Machtergreifung Hitlers und des kollektiven Abdriftens des deutschen Volkes in den Nationalsozialismus ereignet sich die Bücherverbrennung[1]. In duzenden Städten quer durch das gesamte Land kommt es zu geplanten und zelebrierten Verbrennungen von Schriftwerken der verschiedensten Autoren. Unter den Büchern, die den Flammen zum Opfer fallen befinden sich überwiegend kommunistisch, marxistisch und leninistisch geprägte Schriften, sowie solche von Freigeistern, welche die säkulare Macht der Nazis nicht akzeptieren wollen und dagegen ‚anschreiben":

Nun überrascht es, dass sich für die Initiierung des besagten Ereignisses nicht etwa – wie man vielleicht vermuten könnte und wie es die verbreitete Meinung ist – allein Goebbels und sein Propagandaapparat verantwortlich zeigen, sondern eine gänzlich andere Gruppierung von Menschen. Initiator der Bücherverbrennung ist seinerzeit die deutsche Studentenschaft. Also eine Vereinigung, die sich aus Akademikern und Intellektuellen zusammensetzt. Selbstverständlich wurde die Studentenschaft in ihren Bestrebungen tatkräftig von Goebbels und seinen Helfern unterstützt, die eigentliche Initiative in Bezug auf das ‚Event"[2] der Bücherverbrennung lag allerdings unabstreitbar bei besagter Studentenschaft (vgl. Bollenbeck 1999; 292). Beispielsweise wohnen vielerorts Professoren nicht nur billigend den Bücherverbrennungen bei, oder begrüßen diese sogar, sondern halten selbst Brandreden.

Im Zuge einer Programmatik, die ihren Ausdruck unter anderem in den ‚Zwölf Thesen wider den undeutschen Geist" findet, werden Ziele verfolgt, die sich gegen die kulturelle Moderne, die Republik und gegen Mentalitäten richten, die „... dem Radikalnationalismus und den autoritären Ordnungswünschen widersprechen."(ebd.; 290).

Ein personifiziertes Feindbild ist schnell kreiert: Der Jude gilt als Agent der Moderne, der „... 'den Fortschritt in seiner Destruktivität symbolisiert' (Georg L. Mosse) ..." (ebd.; 291). Die Folge ist ein Antisemitismus, der schließlich eine Bekämpfung der kulturellen Moderne selbst zur Folge hat.

---

[1] Ich verstehe diesen Begriff hier nicht als Bezeichnung eines singulären Ereignisses, sondern als eine Art Überbegriff für alle stattgefundenen Bücherverbrennungen. Das Phänomen Bücherverbrennung ist also gemeint.
[2] Ich verwende diesen modernen Begriff hier im Sinne von: Geplante, medienwirksame Veranstaltung zur Unterhaltung und Begeisterung einer großen Menschenmasse mit beabsichtigter Beeinflussung der Letzteren.

Der geschilderte Sachverhalt sollte verwundern. Wie begründet es sich, dass ausgerechnet gebildete Menschen organisiert gegen Autoren und deren Werke vorgehen und Zustimmung, sowie Rückhalt und Unterstützung aus den Reihen der Intellektuellen, der Hochschul-Elite und dem Bildungsbürgertum erhalten? Der Beantwortung dieser Frage gehe ich im nächsten Kapitel nach.

2. Klärung der „Akademikerfrage"

Es erscheint paradox: Im kulturellen Bereich hat ende des 19. Jahrhunderts das Bildungsbürgertum mit seinen, liberal und individualistisch geprägten Idealen von Bildung und Kultur die Vorherrschaft inne. Die Verbrennung von Büchern steht auf den ersten Blick in offenem Widerspruch zu diesen Wertvorstellungen. Doch trotz alledem ist „... gerade der akademische Nachwuchs ... von einem antiliberalen, antisemitischen und antisozialistischem Denken geprägt ..." (ebd.; 293). Diese intoleranten und unreflektierten Aversionen richten sich gegen ein Ziel: Die moderne Kunst. Bollenbeck bringt dies noch unmissverständlicher auf den Punkt, wenn er schreibt: ‚Die deutschen Universitäten sind ... ein Bollwerk der Antimoderne." (ebd.; 293). Obwohl der akademische Nachwuchs in der Tradition des Bildungsbürgertums steht, kommt es aus der Mitte dieser Gruppierung heraus zur Bücherverbrennung. Ein scheinbarer Widerspruch.

Um der Lösung der Akademikerfrage näher zu kommen, also aufzuschlüsseln, wie und warum es dazu kam, dass die gebildete Schicht gemeinsame Sache mit den Nazis machte, bedarf es einer differenzierten Betrachtung. Denn selbstverständlich stellte das Bildungsbürgertum keine homogene Masse von Menschen dar, in der stets Meinungskonsens herrschte. Und auch das Pochen auf die oben beschriebenen Werte Bildung und Kultur muss nicht unbedingt zu humanen und gerechten Handlungen führen. Gerade dieses Beharren auf den alten Wertvorstellungen führte nämlich dazu, dass die Bildungsbürger eine starke Abneigung gegen die kulturelle Moderne entwickelten. Es fehlten die liberalen und progressiven Denker in den Reihen der Bildungselite und so war man verunsichert ob der neuen Strömungen in der Kultur, die sich abzeichneten. Bald wurde diese Verunsicherung zur Angst und der Wunsch nach Eingriffen des Staates wuchs: Die kulturelle Moderne, die sich in der Weimarer Republik entfalten und begrenzt durchsetzen konnte, sollte gestoppt werden. Sie wurde als Bedrohung der deutschen Kultur und des deutschen Geistes angesehen.

Hieraus lässt sich das ableiten, was Georg Bollenbeck als „Selbstnazifizierung der Gebildeten" bezeichnet. Er versteht darunter den Sachverhalt, dass der Nationalsozialismus kein Verführer war, dem die Gebildeten und allem voran die akademische Jugend schutzlos ausgeliefert war, sondern, dass er als willkommenes „Instrument" angesehen wurde um Lösungen für Probleme anzustreben, die im Wesentlichen pekuniärer Art waren. So führt Bollenbeck (ebd.; 294) weiter aus: „Die Studenten fürchten, daß ihnen eine schlechtbezahlte Stelle oder die Arbeitslosigkeit droht." Und er wird noch genauer (ebd.): „... sie haben keine sichere Aussicht auf eine standesgemäße Alimentierung. Das verbittert, schafft Haß und Wut gegenüber den 'jüdischen Intellektuellen', die vermeintlich alle stellen besetzen." Der Hass gegen die jüdischen Intellektuellen, die als Agenten der kulturellen Moderne angesehen werden, wurzelt also in einer finanziellen Unzufriedenheit und der daraus resultierenden Zukunftsangst. Dabei lehnt der akademische Nachwuchs wie weiter oben schon erwähnt die kulturelle Moderne und die Republik ab, will aber dennoch nicht zurück ins Kaiserreich und benutz trotz alledem die modernsten Mittel der Propaganda. Diesen kontroversen Zustand erklärt Bollenbeck folgender Maßen: „... sie [Die Studenten; F.K.] verstehen sich als eine Generation des 'Aufbruchs' ..." (ebd.). Die Annahme der nationalsozialistischen Kulturauffassung seitens der Akademiker und die emphatische Akzeptanz und Verinnerlichung dieser Aufbruchsstimmung gelingt den Nazis nach Bollenbecks Auffassung deswegen, weil sie in ein Dreistadienmodell, bestehend aus der (1) vergangenen Größe, dem (2) gegenwärtigen Zerfall und der (3) nahenden Rettung des deutschen Vaterlandes passt (vgl. ebd.; 296).

Dies führt zur Beantwortung der immer noch offenen „Akademikerfrage": Zur Auflösung dieser Frage gelangt man über Bollenbecks Terminus der Selbstnazifizierung. Mit diesem klärt er eindeutig die Frage nach der Verantwortung für das Geschehene: Die Studentenschaft, bzw. das Bildungsbürgertum hat sich bewusst und willentlich eine pervertierte Ethik aufoktroyiert, um unter dem Schutz einer, durch Selbstgerechtigkeit und Berechnung erzeugten Heteronomie, frei von Skrupel und Gewissenskonflikten, gesetzte Ziele erreichen zu können. Bollenbeck schreibt, dass die Akademiker in den Nazis einen Gewährsmann für die Durchsetzung und Erlangung ihrer Ziele sahen (vgl. ebd.; 295) und die Nazis darüber hinaus keinen Druck auf die Akademiker ausüben mussten. Diese handelten also aus freien Stücken (vgl. ebd.; 296). Bollenbeck zieht ein vernichtendes Fazit, in dem er feststellt, dass das gesamte Bildungsbürgertum mit seinen Wünschen nach der Reinigung der Kunst und einer autoritären politischen Ordnung, dem Nazitum entgegen arbeitete (vgl. ebd.; 297).

3. Erläuterung des Begriffs der reaktionären Modernität

Zentral in Georg Bollenbecks Ausführungen ist der Bergriff der reaktionären Modernität. Dieser geht auf den Historiker Jeffrey Herf zurück, der ihn 1984 mit der Veröffentlichung seines Buches: ‚Reactionary Modernism: Technology, Culture and Politics in Weimar and the Third Reich"in den Diskurs um den Nationalsozialismus im Dritten Reich einbrachte.

Bei Georg Bollenbeck bezeichnet der Terminus der reaktionären Modernität im Wesentlichen die damals herrschende Mentalität der Nazis im Umgang mit Kultur, Kunst und den Medien. Er entwickelt sein Begriffsverständnis, dieser scheinbar kontradiktorischen Wortverbindung aus zwei Sachverhalten.

Erster Sachverhalt

Die Nazis unterdrückten, verboten und vernichteten alle Strömungen der kulturellen Moderne. Die Werke von Freidenkern und progressiven Geistern wurden verbrannt. Dieses Vorgehen ist eindeutig:

Reaktionär

↑

Evidenter
Widerspruch

↓

Modern

kann dagegen die Tatsache genannt werden, dass sich die Nazis daran machten, die Grenzen zwischen Höhen-, populären- und Massenkünsten aufzulösen. Sie strebten, nach Bollenbeck, somit einen: „... nahezu postmodernen Egalitarismus unter diktatorischen Bedingungen an."(ebd.; 305).

Zweiter Sachverhalt

Die Nationalsozialisten pochten auf reaktionäre Kultur- und Wertauffassungen. Sie reanimierten und benutzten verklärt mythologische Vorstellungen teutonischen und germanischen Ursprungs (Blut und Boden etc.).

Reaktionär

↑

Evidenter
Widerspruch

↓

Modern

waren sie aber gleichzeitig in Bezug auf die Verbreitung ihrer Inhalte. In Sachen Propaganda waren die Nationalsozialisten auf dem neusten Stand und scheuten keinerlei Modernität: Radio und Film wurden intensiv genutzt und Hitler machte Wahlkampf per Flugzeug (er war einer der Ersten, die dies taten).

Die Symbiose dieser analytischen Zweigeteiltheit manifestierte sich im Handeln der Nazis. Diese haben eine diffuse Auffassung von Ästhetik: Sie verbinden unter ihrer radikalen, diktatorischen Weisung Restbestände bildungsbürgerlicher Kunst mit der Affirmation von Massenkultur[3]. Bollenbeck schreibt dazu: „Wenn es um den Wert- und Identifikationsbegriff deutsche Kunst geht, dann zeigt sich: Die Nationalsozialisten wissen nicht genau, was sie wollen, aber sie wissen ziemlich genau, was sie nicht wollen." (ebd.; 299). Obgleich die Nationalsozialisten also auf ein neues, homogenes Verständnis, der deutschen Kunst und Kultur pochen, liefern sie keines Falls eine angemessene Programmatik dazu ab. Einheitlichkeit zeigt sich allein im organisierten Hass auf die kulturelle Moderne, im Laufe dessen sich die Bücherverbrennung ereignet. Die Faschisten führen, unter der philanthropischen Vorgabe, Kunst- und Kulturschaffende zu unterstützen, die Reichskulturkammer (RKK) ein. In Wirklichkeit realisieren sie allerdings eine Zwangsorganisation ohne Gleichen. Der Künstler als autonom schaffendes und kreatives Individuum, wird unter dem Einfluss dieser Institution abgeschafft. Ziel ist die Realisierung einer Volkskunst, in der Höhen-, Populäre- und Massenkünste, völlig gleichberechtigt ineinander aufgehen. Alle Künstler und Kunstarten sind auf einmal gänzlich gleichgeschaltet (vgl. ebd.; 302-304). Aber auch hierin kommt es zum absoluten Widerspruch, denn schon bald grenzen die Nazis alle Juden von der Volkskunst aus. Das national sozialistische Regime führt seine vorgetäuschten Bemühungen um Kunst und Kultur offenkundig ad absurdum und praktiziert eine Politik, die zu einer historischen Entwicklung führt, welche sich mit Bollenbecks Satz von der „... widersprüchlichen Geschichte von langer Dauer" am besten beschreiben lässt (ebd.; 290). Rund um das „Projekt" der RKK kommt es also zu reaktionär modernen Erscheinungen: Einerseits werden die trennscharfen Grenzen zwischen den bestehenden Künsten aufgelöst und ein neuer Kunst und Kulturbegriff angestrebt – beispielsweise wird der Film schon sehr früh als Kunst angesehen und für Propaganda Zwecke eingesetzt – (modern), andererseits demonstrieren die Nazis strikte Repression in Bezug auf unerwünschte Personengruppen (reaktionär).

Die Auflösungen der gesunden Spannung zwischen Tradition, Avantgarde, Reaktion und die daraus resultierende Erosion der bildungsbürgerlichen Kunstsemantik, konnte erst durch die reaktionäre Modernität des NS-Regimes zustande kommen: Sprache und Bezeichnetes driften auseinander, die Grenzen zwischen Kunst und Leben werden verwischt (vgl. ebd.; 341).

---

[3] Goebbels protegiert den etablierten bürgerlich-exklusiven Kunstbetrieb und setzt gleichzeitig auf die neuen Massenmedien (vgl. 1999; 301)

Teil II

II. Die Bücherverbrennung als Medienrevolution bei Thomas Lischeid

1. Theatralische Politik: Die NS-Bücherverbrennung 1933

Im dritten Kapitel seines Buches „Symbolische Politik" spricht Thomas Lischeid von der NS -
Bücherverbrennung als Symbolhandlung der NS-Avantgarde für eine politisch intendierte
Kulturrevolution (vgl. Lischeid 2001; 89). Das Hauptthema dieses Abschnitts, nämlich die
Bücherverbrennung als Kulturrevolution, ist eine Schlussfolgerung zu der Lischeid in diesem
Kapitel hinführt. Ich werde versuchen, die hier entwickelten Gedankengänge und Thesen
wiederzugeben.

Um die These von der Bücherverbrennung als Symbolhandlung beweisen zu können
untersucht Lischeid die historischen Ereignisse um die Bücherverbrennung unter
semantischen Gesichtspunkten.

Zunächst stellt Lischeid die Frage, wie die Aktion der Bücherverbrennung durch die, von der
NS-Diktatur eingeführten, Semantik des „Großen Ausnahmezustands" gerechtfertigt wurde
und weshalb das Wissen um diesen von Bedeutung ist im Zusammenhang mit der
Bücherverbrennung. Dazu nennt er zunächst einige Gegebenheiten der historischen Situation.

Als Voraussetzung für die Errichtung eines großen Ausnahmezustands sieht Lischeid
zunächst die Machtergreifung durch die Nationalsozialisten (vgl. ebd.; 90). Diese wiederum
stützen sich argumentativ auf historische Ereignisse wie die Kriegsniederlage von 1918, den
Versailler Vertrag und die Völkerbundbestimmungen. Innenpolitisch machten sie die Reform
von 1918 und den parlamentarisch- demokratische Regierungstyp, wirtschaftlich das
Reparationssystem und die Rezession und sozial die verschärfte Konkurrenz und die
Massenarbeitslosigkeit für die Notstandssituation verantwortlich. Als rechtliche Legitimation
für den großen Ausnahmezustand sieht Lischeid die Verfassung der Weimarer Republik,
insbesondere den Paragraphen 48. Mit Hilfe der Notstandverordnungen sollte aus Sicht der
Nationalsozialisten der Normalzustand in Deutschland wiederhergestellt werden.

Anschließend stellt Lischeid aufgrund der historischen Gegebenheiten die These auf, dass
ohne diese konkrete historische Situation, und die damit verbundenen Etablierung des
Ausnahmezustands, das Symbol der Bücherverbrennung nie seine volle Wirkungsmacht hätte
erlangen können (vgl. ebd.; 90 f).

Da die Nationalsozialisten mit den Notstandsartikeln eine politisch-rechtliche
Legitimationsinstanz für ihr Handeln geschaffen hatten beschäftigt Lischeid sich im

Folgenden mit der gebrauchten Rechts-Semantik im Zusammenhang mit der Bücherverbrennung.

Dazu geht Lischeid zunächst auf die sozialen Initiatoren des Ereignisses ein, die in diesem Fall aus dem politischen und akademisch- intellektuellem Milieu der deutschen Rechten, nämlich aus der „Deutschen Studentenschaft" stammten (s.o.). Lischeid stellt fest, dass es zwischen der Studentenschaft und dem Staats- und Parteiapparat enge Verflechtungen gab auch wenn die Aktion nicht unter seiner organisatorischen Leitung und Kontrolle stand. So erhielt die Studentenschaft finanzielle und personelle Unterstützung von Goebbels. Obwohl die Aktion also weitestgehend autonom war, versuchten Staat und NS-Partei die Bücherverbrennung durch Beteiligung von Goebbels und anderen Machtapparaten in den Rang eines von öffentlicher Seite anerkannten Ereignisses zu erheben und sie somit durch geltendes Recht zu unterstützen (vgl. ebd.; 94 f).

Weitere Hinweise für den Gebrauch einer Rechtssemantik sieht Lischeid in Schriftstücken der deutschen Studentenschaft zur Bücherverbrennung, besonders im „Rundschreiben No. 1" des „Hauptamtes für Presse und Propaganda" der deutschen Studentenschaft. Hier sieht er den Gebrauch der Rechts- Semantik in der Namensanalogie zur politisch- rechtlichen Institution des Goebbelschen Reichsministeriums, in der Befolgung bestimmter formaler Regeln des juristisch-bürokratischen Diskurstyps, was die Strukturierung und die Wortwahl der Rundschreiben betrifft, und der Benutzung von Elementen der Militär- und Bewegungssymbolik (vgl. ebd.; 95 f).

Er erwähnt außerdem die „12 Thesen", die sich zum einen mit ihrer Hauptforderung nach Professoren, die „sicher des Denkens im deutschen Geist sind", auf ein frisch erlassenes Gesetz beziehen und zum anderen den Sinn und Zweck der Bücherverbrennung mit einer Mischung aus juristischen, ethischen, biologischen und pädagogischen Redeweisen formulieren (vgl. ebd.; 98 f).

Um die Verwendung der Rechts-Semantik bei der Planung der Aktion aufzuzeigen geht Lischeid auf die straffe Organisation des Ereignisses ein, die vom Hauptamt für Presse und Propaganda geleitet wurde, dem die Einzelstudentenschaften Meldung zu erstatten hatten. Er erwähnt in diesem Zusammenhang auch die repräsentative Zusammensetzung der örtlichen Aktionszentralen aus Studentenschaft, Wissenschaft, Kulturpolitik und Schriftstellertum (vgl. ebd.; 97).

Die Rechts- Semantik bei der Verbrennung selber offenbart sich für Lischeid in der Verwendung des Begriffs des „Autodafé" als Bezug auf das Ketzer - und Glaubensgericht, also die geistliche und weltliche Rechtspraxis des Mittelalters. Diesen Eindruck sieht er im

Gesamtszenario verstärkt durch die Organisation durch offizielle Machtorgane unter Beteiligung großer Menschenmassen, altertümlichen Transportmitteln, Zurschaustellung der Missetäter und die Vernichtung der Objekte auf einem feierlichen Scheiterhaufen mit rechtfertigenden Reden und Feuersprüchen.

Hauptsächlich sieht Lischeid aber einen Bezug auf Luthers Bücher- Autodafé von 1520 und die Bücherverbrennung der deutschen Studentenschaft während des Wartburgfests, die schon zu ihrer Zeit im Gegensatz zur herrschenden Rechtspraxis standen, Revolutionssymbolik beinhalteten und Ausdruck des Triumphes des „deutschen Geistes" über die „ausländische Bedrohung"symbolisierten (vgl. ebd.; 100 f).

Auch in der Presse findet Lischeid äquivalente Elemente aus der Rechts-Semantik für den Gegenstandsbereich der Bücherverbrennung. Hierzu listet er einige Beispiele auf, in denen einer Pictura[4] der Bücherverbrennung jeweils eine Pictura aus dem Bereich der Rechtssemantik zugeordnet wird:

gesammelte Bücher	⇒	Verbrechen
Bibliotheken	⇒	Tatort
Deutsche Bewegung	⇒	Staat
Sammelaktion	⇒	Beschlagnahme
Fackelmarsch	⇒	Überführung
Scheiterhaufen	⇒	Gericht
Reden	⇒	Verurteilung
Verbrennung	→	Vollstreckung
übrige Bücher	⇒	Gesetz

(vgl. ebd.; 104)

Nach der Analyse der Rechts- Semantik kommt Lischeid zu dem Schluss, dass mit der Bücherverbrennung ein Exempel für zukünftiges statuiert werden sollte, durch eine Aktion der politischen (Selbst-) Justiz und die Vorwegnahme und Beschleunigung entsprechender Maßnahmen des neuen Staats durch die Zivilgesellschaft. Aus metaphorischem Unrecht sollte durch geltende oder noch zu erlassende Gesetze tatsächliches Unrecht werden. Die Bücherverbrennung bildete somit eine politische Kampagne, die die Notwendigkeit der Wiederherstellung staatlicher Souveränität angesichts der Herausforderung ihrer Macht durch bestimmte Bedrohungen aufzeigen und den Einsatz politisch- rechtlicher Mittel motivieren sollte (vgl. ebd.; 105).

---

[4] Mit Pictura ist hier das denotative Bild einer Sache gemeint. Dem entgegen setzt Lischeid den Begriff der Subsrciptio, also die konnotative Bedeutung einer Sache.

Dem Pragmasymbol der Bücherverbrennung als zivilgesellschaftlich organisierter Aktion ordnet Lischeid drei Symbolebenen, drei Suscriptiones, zu.

Die erste Subscriptio besteht darin, dass die Vernichtung von Einzelexemplaren (Pictura) für die Vernichtung der Gesamtausgabe der Bücher (Subscriptio) stand.

Eine weitere Subscriptio des Ereignisses mit dem Motto „Wider den undeutschen Geist" war, dass nicht nur die Bücher, sondern auch die in ihnen enthaltenen Diskurse in Schrift, Sprache und Gehirn ausgelöscht werden sollten.

Als dritte und selten offen ausgesprochene Subscriptio nennt Lischeid, dass der Vernichtung von Büchern auch die Verfolgung ihrer Autoren folgen sollte (vgl. ebd.; 107 f).

Zusammenfassend schließt Lischeid, dass die NS- Revolution als eine institutionelle Errichtung einer allgemein politischen „Permanenten Industriellen Notstands - Ordnung" zu verstehen ist. Somit ist das Bücher Autodafé eine pragmasymbolische Normalisierungs- und Disziplinierungs-Aktion in einer Situation des politisch- kulturellen Ausnahmezustands.

Die Bücherverbrennung als politisches Massenereignis, ist die erste systemkonforme Politisierung des Kulturlebens nach der Machtergreifung, in Form eines Kulturputsches zwecks rigider (Selbst-) Regulierung und (Selbst-) Adjustierung. Im Zuge ihres Status als pragmatisches Massensymbol des neuen Staates avanciert die Bücherverbrennung zu einem bedeutungsvollem Ereignis der politischen und kulturellen Geschichte und geradezu zu einem initiatorischen Epochen-Symbol (vgl. ebd.; 109).

An die Untersuchung der Rechts-Semantik schließt Lischeid die Frage an, was die Sinnbilder von „Buch" und „Feuer" zu der Entfaltung der Wirkungsmacht des Ereignisses b eigetragen haben. Er stellt fest, dass es den sozialen Trägern der Bücherverbrennung gelang 7, die Öffentlichkeit zur Zustimmung und Mitwirkung zu bewegen und die Aktion schließlich zu einem Massen- und Medienereignis zu machen. Als Voraussetzung für diese Entwicklung sieht Lischeid die Verwendung der Kollektivsymbolik von Feuer und Buch, verbunden zu dem Begriff der Bücherverbrennung (vgl. ebd.; 110).

Die Symbolik des Ereignisses der Bücherverbrennung leitet er aus seiner Subscriptio ab. Dazu wird folgender Vergleich entwickelt:

Pictura		Subscriptio
Buch	⇒	Kultur
Feuer	⇒	Revolution
Bücherverbrennung	⇒	Kulturrevolution

Demnach steht das Ereignis der Bücherverbrennung symbolisch für eine Kulturrevolution. Die Symbolik, welche aus der Vormoderne stammt, bezeichnet Lischeid auf der einen Seite als allgemeinverständlich, aber durch die Kombination der beiden Kollektivsymbole dennoch etwas verfremdetes und neues. Lischeid stellt fest, dass gerade durch die aktuale Diskulturalität des Symbols dieses wie der Willen zur Transzendierung der Moderne wirken musste, wodurch die Kulturrevolution zu einem Epochen-Symbol wurde, das auf die Kultur- und Gesellschaftsform einer neuen Zeit vorausweisen sollte (vgl. ebd.; 112 f).

Anschließend untersucht Lischeid ob der ambivalente Charakter der Feuer-Symbolik prägenden Einfluss auf die Revolutionssemantik der Bücherverbrennung gehabt hat. Er stellt fest, dass es bei der Bücherverbrennung um eine diskursive Koppelung von Feuer und Geist ging, da sich die Initiatoren des Ereignisses „sich des Brennens annahmen um den Geist der Revolution voranzutreiben" (ebd.; 114). Die Ambivalenz der Symbolik sieht Lischeid zwischen den Polen der Destruktion und der Stabilisierung. Gemäß des zerstörerischen Charakters des Feuers bedeutet Revolution demnach eine Säuberung, Reinigung und Läuterung des Selbst durch die Zerstörung des Anderen (vgl. ebd.; 115 f). Auch wenn für Lischeid die Feuersymbolik ein Höchstmaß an Schock, Repression und Terror bedeutet, sieht er in ihr doch die Fähigkeit der Generierung eines massendynamischen Enthusiasmus (vgl. ebd.; 117). Um dies zu verdeutlichen geht er auf den Massencharakter der Veranstaltung ein, bei der die Regel der Zahlensymbolik galt[5]. Außerdem zeigt er Relationen auf zwischen dem Verhalten einer revolutionären Masse und Feuer (vgl. ebd.; 120). Angesichts der bisherigen Ausführung zur Feuer-Symbolik wirft Lischeid einen resümierenden Blick auf wichtige Elemente ihres Produktionsapparats. Als pragmatische Voraussetzung sieht er die Bewaffnung mit Fackeln durch die sich die Masse der Bücherverbrenner tatsächlich als ein riesiger Feuerstrom darstellte (vgl. ebd.; 124). Die Massendynamische Wirkungskraft des Symbols besteht für Lischeid in der Möglichkeit der pragmatischen Situierung im Alltag, der Applikation und Multiplikation. Das Verbrennen der Bücher war für die sozialen Träger der Aktion also nicht nur eine symbolische und

---

[5] Je größer die Massen desto größer die Demonstration der Stärke und Überlegenheit gegenüber dem Feind.

folgenlose Handlung, sondern eine echte revolutionäre Tat, die gesellschaftliche Veränderungen herbeiführen sollte (vgl. ebd.; 125).

2. Bücherverbrennung als Medienrevolution

Eine Fragestellung Lischeids, und ein zentrales Thema unseres Referates, ist, ob die Bücherverbrennung auch als Medienrevolution zu begreifen ist. Lischeid fragt also nicht nur nach den Opfern der Bücherverbrennung, sondern danach, ob mit der Bücherverbrennung nicht nur die Vernichtung bestimmter Bücher, sondern auch das in Frage stellen des Mediums Buch gemeint war (vgl. ebd.; 139).

Lischeid stellt fest, dass es ein Merkmal der Moderne ist mit dem Auftauchen neuer technischer Entwicklungen die Vorherrschaft der Buchkultur in Frage zu stellen, wie es auch der faschistische Futurismus getan hat. Er ist der Meinung, dass für diese Bewegung, die den bewussten Einsatz von modernen Techniken propagierte, die intendierte politische Revolution zugleich auch eine Medienrevolution war (vgl. ebd.; 139).

Hinweise auf die verstärkte Verwendung von neuen technischen Kommunikationsformen sieht Lischeid in den Aktionen der deutschen Studentenschaft, die statt Schrift und Buch Medien der Sprache, des Bildes und des Körpers nutzte um ihre Aktion zu propagieren (vgl. ebd.; 140 f). In der Nutzung der neuen Medien durch die Bücherverbrenner sieht Lischeid eine Initiierungsleistung der späteren Entwicklung in der NS-Zeit, nämlich die der Etablierung eines nationalsozialistischen Medienmonopols (vgl. ebd.; 142).

Als Ziel der Kommunikation nennt Lischeid die Instruktion und Mobilisierung der Massen. Dafür, so Lischeid, eigneten sich die neuen Medien besonders. Auch wenn Lischeid die Printmedien als erprobtes Propaganda Mittel nennt, das an Rezeptionsgewohnheiten anknüpft und eine hohe Aktualität und Verbreitung hat, sieht er die Entwicklung eher in Richtung Foto, Film und Radio gehen. Deshalb nimmt Lischeid eine Binnendifferenzierung dieser Medien im Rahmen des Bücherverbrennungs-Geschehens vor.

Die Funktion des Fotos sieht er in der besonders prägnanten Abbildung des Ereignisses, das im Begleittext beschrieben wurde. Dies hätte auch der Film übernehmen können, wenn es zu dieser Zeit nicht noch so große organisatorische Defizite gegeben hätte. Als wichtigstes neues Technik Medium sieht Lischeid das Radio in dem die Bücherverbrennung dann auch übertragen wurde (vgl. ebd.; 142 f).

Als Gründe für den Einsatz neuer Medien nennt Lischeid die Intensitätssteigerung durch die realistische Darstellung, die Authentizität durch die hohe Originaltreue und die Simultaneität der Übertragung, die im Radio möglich war (vgl. ebd.; 144).

Obwohl Lischeid hier die Bedeutung der neuen Medien herausstellt ist er der Meinung, dass das eigentliche Medium des Geschehens das Pragmasymbol selbst war und die Bücherverbrennung erst mit ihrer medialen Aufbereitung als Symbolhandlung ein Höchstmaß an politisch wirksamer Effektivität bekam. „Erst die mediale Präsentation als Pragmasymbol offerierte ein ausreichendes Maß an Ernsthaftigkeit."(ebd.; 145)

Abschließend verfolgt Lischeid das medienhistorische Schicksal des Opfers der Symbolhandlung und stellt fest, dass die Bücherverbrennung keinesfalls zum Vergessen des Mediums Buch geführt hat. Zum einen, weil es pragmatisch und symbolisch zu fest in der Kultur verankert war und zum anderen, weil es keine Alternative gab, die es hätte ersetzen können (vgl. ebd.; 145 f).

Resümee

Ich gelange abschließend zu der Auffassung, dass sowohl die Herangehensweise und Perspektive Georg Bollenbecks, als auch jene von Thomas Lischeid, sehr aufschlussreich und höchst gewinnbringend für den Diskurs um den Nationalsozialismus im dritten Reich sind. Bollenbeck zeigt die Verknüpfung zwischen den Nationalsozialisten, als Hauptverantwortlichen einerseits und den Bildungsbürgern, als ihren stillen Helfern in Sachen Kunst und Kultur andererseits, auf. Das Resultat ist die Bücherverbrennung, der pyromanische Höhepunkt der reaktionären Modernität, von welchem alles Handeln der Faschisten durchsetzt ist. Bollenbecks kulturhistorischer Ansatz steht dabei in einem engen inhaltlichen Konnex mit Lischeids semantisch/medienwissenschaftlicher Herangehensweise. Das Ereignis der Bücherverbrennung stellt hierbei das inhaltliche Bindeglied dar. Beide setzen sie folglich die Schriftkultur und alles was mit dieser direkt und indirekt zu tun hat, in das Zentrum ihrer Betrachtung. Thomas Lischeid behandelt die Bücherverbrennung dabei allerdings als Medienereignis. Er kommt zu dem Schluss, dass die Bücherverbrennung von ihren Initiatoren aus den Reihen des faschistischen Futurismus auch als Medienrevolution gedacht war. Ob der Rest der Bevölkerung das genauso sah bleibt allerdings kritisch zu hinterfragen. Die geplante Medienrevolution war insofern erfolgreich, als dass nach den Initiierungsleistungen der Bücherverbrenner auch weiterhin neue Technik-Medien stärker genutzt wurden. Es gelang aber nicht, das Buch von seiner Position als wichtigstem Kulturgut zu verdrängen, da es zu fest in der Kultur verankert war und es keine mediale Alternative gab, die das Buch hätte obsolet machen können.

Literaturverzeichnis

Teil I
I. Der Begriff der reaktionären Modernität bei Georg Bollenbeck

Bollenbeck, Georg (1999). Tradition, Avantgarde, Reaktion. Deutsche Kontroverse um die kulturelle Moderne 1880 – 1945. Frankfurt a. M.: Fischer.

Teil II
II. Die Bücherverbrennung als Symbolhandlung bei Thomas Lischeid

Lischeid, Thomas (2001). Symbolische Politik. Heidelberg: Synchron.